Wolfgang Bergmann

Toll, dass es Kinder gibt

Wolfgang Bergmann

Toll, dass es Kinder gibt

Pattloch

Bibliografische Information: Deutsche Nationalbibliothek
Die Deutsche Nationalbibliothek verzeichnet diese Publikation in der Deutschen Nationalbibliografie; detaillierte bibliografische Daten sind im Internet über http://dnb.d-nb.de abrufbar.

Satz: Adobe InDesign im Verlag
Umschlaggestaltung: Agentur Lehmacher, Friedberg/Bayern
Druck und Bindung: Offizin Andersen Nexö, Leipzig
Printed in Germany

ISBN 978-3-629-02256-1
www.pattloch.de

5 4 3 2 1

Glücksformel Kinder?

Vom Glück reden alle. Das Thema ist richtig in Mode gekommen. Kein Wunder, jeder will gern glücklich sein. »Glücksformel« oder »Wie werde ich in zehn Minuten glücklich« lauten Buch- und Zeitschriftentitel. Seltsamerweise ist dabei von Kindern nie die Rede.

Dabei sind sie das größte Glücksversprechen, das wir kennen. Kinder machen glücklich! Sie glauben mir nicht? Dann überlegen Sie mal: Wie reagieren Sie, wenn in einem Restaurant ein fünfjähriges Mädchen zu Ihnen herüberschaut, lächelt und zum Schluss vielleicht sogar zu Ihnen gelaufen kommt. Nun? Richtig: Sie lächeln auch. Sie können gar nicht anders. Für einige Momente haben Sie ein ganz merkwürdiges Gefühl, Sie fühlen sich gerührt. Nur Kinder rufen das in uns hervor. Sogar die ganz Kleinen, die in den Eiscafés, mal auf wackeligen Beinen, mal auf dem Po rutschend, rauf und runter hampeln. Sie schauen Sie an und – richtig: Sie lächeln schon wieder.

Wer eigene Kinder hat oder Enkelkinder, muss davon gar nicht überzeugt werden. Kinder sind natürlich anstrengend, das ist wahr! Aber noch viel wahrer ist, dass sie eine unendliche Bereicherung des Lebens sind, ein Glückspfand.

Wer Mutter oder Vater wird, wird ein anderer Mensch. Klingt verwegen, ist aber so. Plötzlich sieht man die Welt mit anderen Augen. Nämlich immer ein wenig so, wie Kinder sie sehen, mit diesen verwunderten, staunenden Augen, für die die Welt noch so neu ist.
Manchmal können junge Eltern sich davon »anstecken« lassen. Jetzt sehen sie die Welt auch noch mal neu.

Mit einem Kind ist alles anders geworden. Man hat viel mehr Ängste und Sorgen, das stimmt, aber nie zuvor hat man so viel gelächelt und manchmal laut aufgelacht, wie im Zusammensein mit seinem Kind.

Kinder sind eine unendliche Bereicherung des Lebens, ein Glückspfand!

Glück gibt es nur für Augenblicke, für Stunden manchmal, selten über mehrere Tage. Und dann gibt es dieses ganz besondere Glück, das nur wenige Menschen kennen: Sie wachen morgens auf und werden durchströmt von einem ganz unvernünftig unbegründeten Gefühl von

Lebensfreude und purer Daseinslust. Kinder haben dieses ursprüngliche Glücksempfinden eigentlich immer! Das steckt an.

Toll, dass es sie gibt!

Von Kindern kann man »richtig streiten« lernen, weil sie sich so schnell wieder vertragen.

Kinder sind soziale Wesen. Von Anfang an. Sie suchen *immer* nach anderen Kindern. Ob sie am Meeresstrand entlanglaufen oder im Dreck eines Ententeichs buddeln, sie halten immer Ausschau nach Spielgefährten, Buddelbau- und Phantasiegefährten, Tagtraumgefährten. Allein sind sie traurig!

Kinder sind soziale Wesen.
Von Anfang an.
Allein sind sie traurig!

Wer ihnen zuschaut, spürt: Nein, Alleinsein ist keine gute Sache. Nicht nur für Kinder. Wenn wir allein sind, dann ziehen uns unendlich viele Stimmen und Gesichter, Erinnerungen und Zukunftsängste durch den Kopf, manche sind ganz überzogen. Im vergnügten Miteinander mit Freunden sieht dann alles schon wieder ganz anders aus.
Schauen wir nur auf die Kleinen. Wie sorgfältig sie miteinander umgehen! Meistens jedenfalls. Sicher, manchmal streiten sie im Sandkasten, brüllen wild los, wollen sich gleich prügeln. Aber wie schnell sie sich wieder vertragen! Und sich miteinander freuen. Auch mit

dem, der vor fünf Minuten noch ein bitterböser Feind war.
Jetzt lachen sie zusammen und sind froh. Wie sehr Menschen andere Menschen brauchen, das lernen wir, wenn wir unseren Kindern beim Spielen zuschauen.

Wunderbar, dass es sie gibt!

Sie kommen morgens nicht aus dem Bett? Schaffen Sie sich Kinder an!

Sie sind ein Morgenmuffel, sehr zum Ärger Ihrer Frau (oder Ihres Mannes)? Na, dann ist es gut, wenn Sie Kinder haben. Mir erging es beispielsweise so:

Kinder sind eine unendliche Bereicherung des Lebens, ein Glückspfand!

Morgens um neun Uhr habe ich meine Tiefschlafphase, zumal am Sonntag. Meine kleine Tochter kümmerte das nicht im Geringsten. Sonntags früh, spätestens um halb neun, rammte sie mit dem frohen Selbstbewusstsein eines verwöhnten Kindes durch die Schlafzimmertür, plazierte ihr kleines Hinterteil auf meinen Bauch, eine Puppe in der linken, die andere in der rechten Hand, und erklärte vergnügt: »Komm, jetzt spielen wir mal!«
Ich bin weder ein sonderlich einfallsreicher, noch ein besonders witziger Mensch. Außer an diesen Sonntagvormittagen. Schlaftrunken und still beglückt von dem kleinen Wesen, das dort, gespannt wie eine Feder, auf meinem Bauch hockte, fiel mir ein Puppenspiel nach dem anderen ein, zwischendurch ein Witz und einmal

sogar ein ganzes Lied (dabei bin ich völlig unmusikalisch!). Also, Sie behaupten, Sie seien nicht kreativ? Ach was, das kann doch gar nicht sein. Sie haben doch ein Kind (oder sogar mehrere)!

Die meisten Spiele habe ich mittlerweile wieder vergessen. Jedenfalls kamen darin meist ein Prinz, eine Prinzessin und ein König vor. Für kleine Mädchen unaustauschbare Traumfiguren.
Aber unsere Puppen hatten irgendwie alle eine Macke. Die Prinzessin beispielsweise wiederholte jedes Wort. Alles sagte sie zweimal. Meine Kleine fand das zum Quietschen komisch: »Ich – ich – überlege – überlege –, ob – ob – ich – ich – den – den – Prinzen – Prinzen – liebe – liebe« usw.

Wer Mutter oder Vater wird, wird ein anderer Mensch! Klingt verwegen, ist aber so!

Da wandte sich der König bekümmert dem Prinzen zu und sagte: »Mensch, die hat vielleicht ne Macke. Die willst du wirklich heiraten? Na ja, musst selber wissen, was du tust«.

Der König war natürlich auch nicht ganz richtig im Kopf, er lachte häufig zwischendurch, immer ohne Grund. Irgendwann dachte der Prinz im Stillen bei sich: »Du meine Güte, die ganze Familie ist komplett bescheuert. Na ja, Hauptsache, sie ist reich.«

Es ging drunter und drüber,
war mal komisch,
mal phantastisch.

Unsere Spiele waren also, wie man sieht, »moralisch« nicht ganz korrekt. Sie hatten eher so einen kleinen subversiv-anarchischen Anstrich. Es ging drunter und drüber, war mal komisch, mal phantastisch. Und dann wieder ganz still.
Nicht zu vergessen, das alles passierte vormittags, um neun Uhr, sonst meine Tiefschlafzeit, wie gesagt. Und dann, irgendeines Tages wachte ich um punkt halb neun auf, und konnte nicht wieder einschlafen. Am nächsten Tag wieder. Und den übernächsten auch. Kurzum: seither bin ich kein Morgenmuffel mehr.
Schön, dass es solche Kinder gibt, oder?

Vor einiger Zeit stieg ich mal wieder hoch auf den Dachboden. Da lagen die Puppen noch alle, an der Wand hingestreckt, irgendwie vertraut und doch ganz anders. Sie waren kaum wiederzuerkennen. Der Prinz, der König, die unvermeidliche Barbie-Puppe daneben. Schlaff und reglos saßen sie da, als trauerten sie um ihre kleine Spielgefährtin, die inzwischen für Puppenspiele zu groß geworden ist. Und ich? Ich setzte mich vor sie hin und schaute sie an. Mir war auch ganz traurig zumute.

Toll, dass es Kinder gibt.

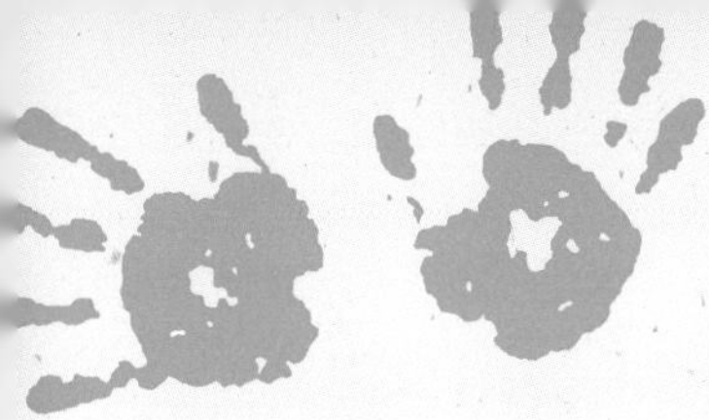

Vertrauen kann man lernen –
am besten von Kindern.

Sind Sie ein misstrauischer Mensch? Ja? Manchmal ist es Ihnen selber peinlich, aber was soll man machen? Ständig dieses Misstrauen im Kopf, bei jeder passenden und unpassenden Gelegenheit. Dann will ich mal hoffen, dass Sie ein Kind haben. Oder zwei. Dann habe ich nämlich einen exzellenten Ratschlag für Sie.
Achten Sie zwischendurch einmal darauf, wie vertrauensvoll Ihr Kind Sie anschaut. Wie unbekümmert es seine kleine Hand in Ihre Hand schiebt, wenn Sie sagen: Komm, wir wollen losgehen!

Vielleicht weiß der oder die Kleine gar nicht ganz genau, wohin Sie beide aufbrechen. Zum Einkaufen oder sogar in die Eisdiele, zum Spielplatz oder schon wieder in Papas Büro (das ist meist langweilig!). An dem vertrauensvollen Griff der kleinen Hand ändert das nichts.
Das Vertrauen gilt nämlich Ihnen, der Mutter, dem Vater – es ist abgrundtief. Es ist sogar belastbar, denn Eltern enttäuschen ihre Kinder manchmal. Sie können gar nicht anders. Aber das Kindervertrauen stellt sich trotzdem immer wieder ein. Ein kluger Psychologe hat es einmal »Urvertrauen« genannt.

Genau das ist es. Schauen Sie ganz bewusst darauf, achten Sie auf die Vertrauensseligkeit

Ihres Kindes. Und was merken Sie dann: dass so viel Vertrauen irgendwie tatsächlich »selig« macht. »vertrauensselig«. Also beseelt und froh.
Und plötzlich kommt Ihnen Ihr Misstrauen irgendwie kümmerlich vor. Eng und töricht. Richtig peinlich sogar. Angesichts des strahlenden Zutrauens Ihres Kindes schmilzt das hartnäckigste Misstrauen wie Schnee im Frühjahr.

Toll, dass es Kinder gibt.

Wir müssen Stille lernen,
sonst werden wir nie glücklich.

Wir müssen lernen, auch einmal still zu sein. Und zwar ganz still! Nicht nur mit der Stimme. Auch mit dem Körper und der Seele. Und unsere »inneren Stimmen« sollten wir erst recht mal zum Schweigen bringen.

»Innere Stimmen«? Damit meine ich die, die uns ständig durch unseren Kopf rattern. Sie halten uns dauernd vor, was wir längst hätten erledigen sollen und wieder nicht geschafft haben. Jeden Tag geht das so: Man wird ganz hektisch dabei, aufgeregt und manchmal sogar ein wenig ängstlich.
Achten Sie mal darauf. Wir Eltern verfahren mit unseren Kinder oft genau so, wie die inneren Stimmen mit uns: »Nun mach mal, diesen Termin dürfen wir aber nicht verpassen, hörst du?! Geht das nicht etwas schneller? Ich werde ja nie fertig mit dir!«

Dabei verhält sich alles ganz anders: Wir werden nicht fertig mit *uns*. Mit uns und unseren vielen kleinen Ängsten, diesen grauen Alltagsängsten, die wie ein schmutziger böser Strom sind, der in uns fließt und nie aufhört – von morgens bis abends.

Noch schlimmer wird's, wenn wir auf die Zukunft unserer Kinder blicken. Da haben wir schon wieder Angst! Schließt sich da nicht ein »Zeitfenster« bei unserem Zweijährigen? Sollte er nicht schnell noch Chinesisch lernen, wo man weiß, dass die Chinesen globalisierungsmäßig auf dem Vormarsch sind? Das Stichwort heißt Frühförderung. Am besten schon im Kindergarten. Englisch, Französisch und Chinesisch für die ganz Kleinen: Solche Kindergärten gibt es!

Ängste in der Gegenwart und in der Zukunft. Wie sollen wir dabei glücklich werden?

Wird unser Töchterchen den Nachbarjungen denn jemals einholen, diesen Mega-Streber, der mit drei Jahren das Alphabet beherrscht und irgendwie gar nicht so richtig sympathisch ist. Ein bisschen altklug redet er schon daher, aber syntaktisch immer korrekt. Sollte sie das nicht auch längst beherrschen? – Wird sie den je einholen? Und die Schule erst!

Ängste in der Gegenwart, Ängste in der Zukunft. Wie sollen wir dabei glücklich werden? Sollten wir nicht wenigstens mal für Momente

innehalten? Nachdenken? Phantasieren? Träumen?
Die großen Philosophen, die keiner mehr liest, wussten, dass es Glück für unsere arme menschliche Seele nur dann geben kann, wenn wir uns auch einmal ganz gedankenverloren einem Augenblick, einer Blume, einer Landschaft, einem Gefühl hingeben.

Glück ist nicht planbar,
es ist auch nicht vorhersehbar –
das Glück tritt ein.

Wenn wir uns selber einmal ganz vergessen im Anblick einer mächtigen Berglandschaft. Oder wenn wir am Meer entlanggehen, nur noch sein Rauschen hören und die Bewegung der Wellen sehen und den Horizont ganz weit hinten, hinter dem sich das Meer noch endlos erstreckt. In solchem »Sich verlieren« an die Schönheit der Dinge wohnt das Glück.

Der große Philosoph Schopenhauer hat das vor hundertfünfzig Jahren beschrieben. Im chinesischen Buch der Lebensweisheit *Tao Te-King* von Laotse finden wir dasselbe – das waren

noch mal zweitausend Jahre vor dem deutschen Philosophen. Das Wissen um das Glück ist uralt.
So also wird Glück möglich. Glück ist nicht planbar, es ist auch nicht vorhersehbar. Man kann es nicht »trainieren«, wie manche Esoteriker und Psycho-Coachs vorgeben – das Glück tritt ein. Man muss nur empfänglich für es sein. Und dazu muss man still sein können.

Dieses Stillsein, sage ich, können wir von unseren Kindern lernen. Gut, dass es sie gibt! Klingt wenig plausibel, nicht wahr, jedenfalls auf den ersten Blick! Ausgerechnet von diesen ewig plappernden, herumzappelnden kleinen Wesen, die ununterbrochen irgendwas wollen und sofort loskrähen, wenn sie es nicht bekommen – von denen lernen wir »Stille«?
Ganz genau! Man muss sie allerdings zur Stille lenken, und manchmal einfach nur Geduld haben. Wenn wir uns Zeit mit ihnen lassen, wenn wir sie manchmal anschauen wie ein kleines berückendes Wunder – »unser« Kind – dann wird es möglich: Stille lernen. Ausgerechnet von den Kleinsten. Besser als von Schopenhauer.

Wäre das Kind nicht vor uns hergelaufen und hätte das Blatt vorsichtig aufgehoben, hätten wir es gar nicht bemerkt. Ein Blatt, was soll schon damit sein! Wir wären darüber hinweggegangen, natürlich, wir haben schließlich viel Wichtigeres zu tun. Aber jetzt ist auf einmal alles anders! Warum?

Das vierjährige Töchterchen bleibt plötzlich stehen, als wäre ihm ein kleines Wunder zugestoßen. Genau betrachtet, ist es das auch. Ein Blatt, zufällig von irgendeinem Baum gefallen. Wie viele Füße sind schon darauf getreten, achtlos.
Unsere Vierjährige kniet nieder, sie nimmt das Blatt – das vielleicht im Nahen des Herbsts schon bunt gefärbt ist –, sie tastet die feinen Adern ab und freut sich an den gelben, braunen und rötlich verlaufenen Farben. So ein Blatt hat unzählige winzige Eigenarten, die ein Kind alle, eine nach der anderen, bestaunen kann. Es wird ganz versunken dabei. Dreht das Blatt, prüft seine Form, berührt es mit den Fingerspitzen, ganz behutsam. Dann zieht es mit der ganzen Feinfühligkeit seiner Fingerspitzen die vertikal verlaufenen Äderchen nach und streift das Grün von dem feinen Geäst. So gibt sie dem tollen Blatt noch eine ganz neue Gestalt, eine karge Struktur.

Schauen wir nur hin: wie selbstvergessen dieses kleine Wesen ist! Ganz eins mit seinen Sinnen

und seinem Feingefühl und diesem Blatt, aus dem es nun selber eine zweite Form entstehen lässt.
Wenn wir nur die geringste Begabung zum Stillsein in uns spüren, dann beugen wir uns nun zu dem Kind hinab, gehen buchstäblich in die Knie neben ihm: Wir teilen sein kluges Staunen darüber, wie aus einem Objekt ein anderes entsteht, aus einem bunten ein karges, mit klaren Formen.
Und dann grübeln wir gemeinsam darüber nach, warum wir die Kargheit nie, nie wieder in das bunte kleine Wunderwerk zurückverwandeln können. Das ist schade. Irgendwann stehen wir auf. Auch Wunder werden langweilig. Dann laufen wir weiter.
Aber das Blatt und unser Stillsein war doch etwas Besonderes. Wir hätten es beinahe übersehen. Die Bedeutsamkeit dieses Blattes stiftete das Kind.

Toll, dass es Kinder gibt!

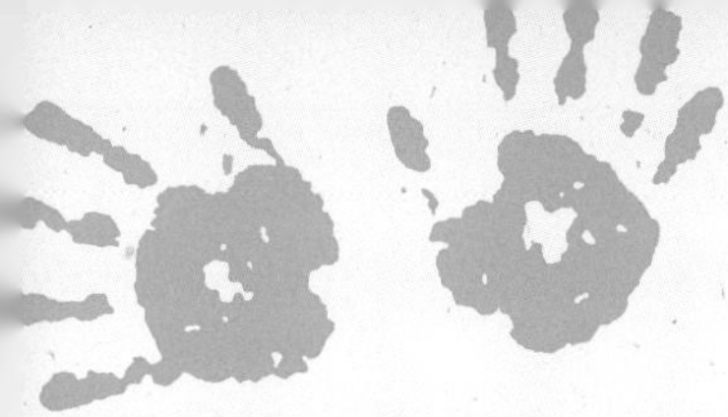

Kinder helfen unserer Gesundheit auf die Beine.

Gesundheit und gesunde Ernährung gehören auch zum Glück. Hering zum Beispiel ist sehr gesund. Sie mögen keinen Hering? Kinder meistens auch nicht. Kein Problem!

Hier mein Rat: Gehen Sie mit Ihrem/r Vierjährigen – kann auch noch ein Fünf- oder Siebenjähriger sein – einkaufen.
Was kaufen Sie ein? Heringe natürlich in der Heringsdose, bevorzugt die mit den hübschen bunten Bildern drauf, mal mit Mayonnaise, mal mit Tomatensoße. Chili ist noch besser, wenn Sie mich fragen.
Sie wiegen unentschlossen zwei oder drei Dosen in der Hand. Und fragen Ihr Kind: Welche sollen wir kaufen? Die mit der schlappen Tomatensoße? Oder die Chili-Dose? Chili kratzt abends in der Nase und im Hals. Kinder lieben das. Oder Paprika! Gibt's hier Heringe mit diesem roten kribbelnden Paprika? Gibt's nicht. Also doch Chili!

Das Kind jubelt und schluckt vorsichtshalber schon zweimal. Probehalber. Ein ganz klein bisschen kribbelt es jetzt schon.
Wir müssen uns halt auf unsere Kinder konzentrieren, statt sie dauernd zu reglementieren. Dann spüren wir es auch. Da, im linken Nasenloch. Es kribbelt. Jetzt freuen wir uns auch auf

den Hering und überhaupt das ganze Abendessen. Es wird sehr gesund, wie gesagt!

Will's bei Ihnen mit dem leckeren Heringessen nicht klappen? Was soll's? Es ist trotzdem toll, dass es Kinder gibt.
Richtige Abenteuer erlebt man überhaupt nur noch mit Kindern.

Gesundheit und gesunde Ernährung gehören auch zum Glück.

Sie lieben Geheimnisse? Natürlich tun Sie das. Jeder Mensch liebt Geheimnisse.
Aber unser zivilisatorisches und technokratisches Leben, unsere hoch- und durchorganisierte Gesellschaft lässt ja kaum noch Raum für Geheimnisse.
Wo sind sie denn? Alles ist überschaubar, das ganze Leben wird geplant und wenn es schiefgeht erneut geplant. Für alles gibt es Normen. Normen des Berufes, der Familie, des Tagesplanes. Ach ja, wir haben einfach viel zu wenige Geheimnisse.

Aber vielleicht birgt die antike Kommode da ein Geheimfach? Wie in alten englischen Krimi- und Gruselromanen! Vielleicht finden wir, wenn wir auf dem Dachboden stöbern, Rätsel aus der Vergangenheit des Vormieters oder der Vorgeschichte des Hauses, wie bei dem großen Erzähler Stevenson. Solche Geheimnisse machen das Leben abenteuerlicher, rätselhafter, vielschichtiger.
Das Geheimnisvolle zu entdecken will uns Erwachsenen aber nicht gelingen. Allenfalls haben wir einige Kindheitserinnerungen, die wir wie kleine Geheimnisse für uns bewahren und niemandem erzählen mögen. Wie ein kleiner Besitz der Vergangenheit, ein Schatz des Erinnerns. Aber sonst?

Gut, dass es Kinder gibt. Sie haben eine unerhörte Begabung für Geheimnisse. Ihre sind natürlich schlicht. Aber sie haben alles, was zu einem richtigen, deftigen und ordentlichen Geheimnis gehört: verborgene Orte, Kellertreppen und geheimnisvolle Papiere, Papierschnitzel oft nur, die irgendwo herumliegen, aber trotzdem eindeutig verschlüsselte Botschaften enthalten, Hinweise auf unermessliche Schätze, üblicherweise von Piraten versteckt oder von nie erwischten Gangsterbanden.
Aber auch für Kinder heute ist, wie für uns, die

Sache mit den Geheimnissen schwieriger geworden. Auch für sie gilt: Sie haben kaum Raum und Zeit für ihre Spiele. Die durchrationalisierte Schule füllt ihren Tag. Noch ein paar Förderstunden vom Ballett bis zur Nachhilfe obendrein. Manchmal kommt es mir vor, als sei auch die Kindheit schon fast geheimnislos geworden.

Gut, dass es Kinder gibt.
Sie haben eine unerhörte
Begabung für Geheimnisse.

Aber die Kleinen lassen das nicht zu. Sie finden immer einen Ausweg aus der wohlmeinend durchorganisierten Erwachsenenwelt mit ihren hundert Vorschriften darüber, was vernünftig und unvernünftig ist. Geheimnisse hingegen sind immer unvernünftig. Zum Beispiel der Piratenschatz, dem unser Sohn mit seinem Freund seit Tagen nachforscht. Nicht ohne Grund. Schließlich haben sie eine Karte mit komplizierten Hinweisen und Zeichnungen gefunden. Das kann ja kein Zufall sein.
Unsere erwachsene Vernunft kann da nur den Kopf schütteln. Wie sollen, bitte, Piraten mitten

auf dem Festland ihre Beute verstecken? – Da hätten sie ja zu Fuß laufen müssen, wozu Piraten bekanntlich nicht in der Lage sind. Oder sie hätten auf Pferden durchs Land jagen müssen, was sie erst recht nicht können. Piraten können ja nicht mal schwimmen. Garantiert wären sie nach ein paar Metern vom Gaul gefallen und hätten sich das Kreuz gebrochen. Was für ein schmähliches Ende nach so vielen wilden Schlachten und dem verwegenen Entern reich beladener Schiffe. Ein Piratenschatz! Nein, sehr wahrscheinlich ist der nicht!

Ein Geheimnis führt ins Jenseits der geregelten Welt. Unsere Kinder finden es immer.

Aber das sind sehr oberflächliche Einwände. Nur erwachsene Leute kommen darauf, weil sie das Wesentliche wieder mal nicht verstanden haben. Darin besteht ja gerade der Wert des Geheimnisses: Es entzieht sich der Vernunft. Ein Geheimnis führt ins Jenseits der geregelten Welt. Unsere Kinder finden es immer.
Und manchmal, wenn wir Glück haben (und vielleicht hinterher noch ein Eis spendieren),

lassen sie uns an einem ihrer Geheimnisse teilhaben – höchstwahrscheinlich einem weniger wichtigen! Wir sollten ihre Einladung annehmen. Denn plötzlich eröffnet sich unserer müde gewordenen Seele eine ganz neue Welt.

Das ist ein Keller, na und? Eine Treppe führt hinunter, unten, am Treppenende, wird es ganz dunkel. Die Türen sind nur noch in groben Umrissen erkennbar. Nun gut, sie knarren und quietschen – na und? Ein Keller ist halt ein Keller, da ist es eben dunkel und manchmal flutscht ein lebendiges Wesen rasend schnell über die Füße, wahrscheinlich eine Maus, und manchmal spürt man einen kalten Luftzug von nirgendwo her. Das ist alles – wo ist denn da das Unheimliche?

So denken wir noch und lächeln erwachsen überlegen über die Phantasie unseres siebenjährigen Sohnes, der aufgeregt unsere Hand festhält. Aber dann erwischt es auch uns!

Die vierte Tür von rechts, ja zum Donnerwetter, die haben wir ja noch nie gesehen, obwohl wir schon vor Jahren hier eingezogen sind. Schau mal Papa, flüstert der Siebenjährige.

Die Tür, tatsächlich, ist deutlich kleiner als die normalen Kellertüren, irgendetwas stimmt nicht mit ihr. Sie hängt schief und verkeilt in ihren Angeln. Als wolle sie den Zugang versperren zu dem, was sich hinter ihr verborgen hält.

Die Welt steckt ja voller Überraschungen, ach was, voller Abgründe. Besonders in dunklen Kellern. Wer weiß denn wirklich, was sich hinter solch einer seltsamen Tür verbirgt.

Dass es sich nicht um einen ganz normalen Kellerraum handelt, ist jetzt schon mal klar. »Wir brauchen ein Brecheisen«, sagt das Kind. Brecheisen! Das geht doch nicht in einem anständigen Mietshaus? Auf keinen Fall! Oder etwa doch?

Irgendwas muss doch hinter dieser Tür sein. Die hängt doch nicht aus purem Zufall so schief in den Angeln, unbeweglich, wie festgekettet.

»Hol mal den Schraubenzieher, den großen«, sagen Sie und wundern sich über sich selbst. Die großen liegen unter dem Bett. Aber der Kleine ist schon losgeflitzt. Er weiß, wo die Schraubenschlüssel sind. Was Papa nicht weiß, ist, dass der allergrößte bei einem anderen Abenteuer, in dem es darum ging, einen Geist aufzuspießen, leider verlorengegangen ist.

Aber zurück zur Tür! Jetzt wird es immer klarer: Zufällig ist die nicht verkantet. Das hat jemand absichtlich gemacht. Wahrscheinlich geplant! Nicht unbedingt ein Pirat, aber es gibt ja viele böse Menschen auf der Welt.

Und die meisten sammeln im Lauf ihres bösen

Lebens Schätze an. So ist die Welt nun mal. Je böser, desto mehr Schätze.
Während Sie so noch tiefsinnig vor sich hin grübelnd vor der Tür hocken, kommen die Schraubenschlüssel – irgendwie kleiner, als Sie sie in Erinnerung haben. »Das sind die größten, die wir haben, Papa«, flüstert das Kind. Sie nicken. Schon gut! Wird schon gehen. Wieso flüstern Sie jetzt auch?

Plötzlich eröffnet sich unserer müde gewordenen Seele eine ganz neue Welt!

Die Tür leistet Widerstand, aber kräftig. Daran zeigt sich schon, dass es hier nicht mit rechten Dingen zugeht. Sie merken, dass das Kind zittert. Vor Aufregung und Angst. Das ist übrigens auch so ein Kindergeheimnis. Ein bisschen Angst macht viel mehr Spaß, als nie Angst zu haben.
Sie sind jetzt zu gleichen Teilen der beschützende Papa, der die Dinge voll im Griff hat, und ein Junge, ungefähr im Alter Ihres Sohnes, der auf nichts mehr Rücksicht nimmt, sondern ein Geheimnis lösen wird. Auf der Stelle! Mietshaus

hin oder her. Die Tür wird jetzt aufgebrochen! Leider klemmt sie immer noch, hängt schräg in den Angeln, die mit dem Mini-Schraubenschlüssel beim besten Willen nicht zu lösen sind.
Und damit dringen Sie zu einer weiteren Weisheit eines Geheimnisses vor: Am schönsten ist es, wenn es nie ganz gelöst wird! Sie schauen Ihren Sohn an, der zittert immer noch und nickt.

Am schönsten ist ein Geheimnis, wenn es nie ganz gelöst wird!

Sie beiden, zwei Männer sozusagen, verstehen sich. Da ist nichts zu machen, selbst für die erfahrensten Schatzsucher und Geheimnislüfter gibt es Grenzen des Machbaren. »Gehen wir wieder hoch!«, sagen Sie. Der Knabe nickt. Irgendwie erleichtert.

Später am Abendtisch erzählen Sie dem Rest der Familie natürlich kein Wort von Ihrem Abenteuer. Ein Geheimnis ist ein Geheimnis. Aber irgendwie lässt Sie der Gedanke nicht los, dass sich hinter dieser merkwürdig schiefen Tür tatsächlich etwas ganz und gar Absonderliches verbergen könnte. Irgendwie hat das langweilige Mietshaus eine gewisse abenteuerlich umwitterte Aura angenommen. Das spüren Sie genau. Das Haus hat eine neue Dimension hinzugewonnen.

Und dann begegnen sich Ihre Blicke, ganz zufällig über den Abendtisch hin: Ihrer und der Ihres Sohnes. Und Sie grinsen sich an.

Gut, dass es Kinder gibt.

Üben, üben, üben?
Lassen Sie's, hilft ja doch nichts!

In diesem Büchlein ist ausdrücklich nicht von Schule und Lernen die Rede. Warum? Heute ist es ja so: Wenn jemand von Kindern redet, denken wir alle sofort ans Lernen. Kinder und Lernen sind wie ein Begriffspaar. Das ist falsch. In meiner Kindheit war das noch anders.

Aber eine kleine Beobachtung will ich Ihnen doch mitteilen. Ich lese soeben in einer sonst meist klugen Sonntagszeitung einen Beitrag über Legasthenie. Wie immer bei Themen der Kindertherapie – warum ist das nur so? – hat sich ein Journalist ein Halbwissen erlesen und breitet es vor dem ahnungslosen Zeitungsleser aus, als sei es der Wahrheit letzter Schluss. Aber ich will auf etwas anderes hinaus.
Am Ende seines Artikels unterläuft dem guten Mann ein Fehler, der auch für uns Eltern ganz typisch ist. Was hilft gegen Lernschwächen, fragt er rhetorisch. Und gibt die preußische Antwort, korrekt und diszipliniert: üben, üben, üben. Dann würden sogar leseschwache Kinder das Lesen lernen, sagt er. Sogar Legastheniker – was unter uns gesagt fachlich Unsinn ist. Der kleine Karl Georg, fährt er fort, sei auch ganz stolz auf seinen Leseerfolg, er habe nämlich in den Ferien zwei Bände Harry Potter gelesen. Ganz allein, ohne Druck und ohne Anleitung.

Hm, tja. Hat der Kleine das etwa getan, um zu üben, üben, üben?
Konnte er plötzlich mit Buchstaben, Grammatik und Satzgefüge umgehen, weil er übte, übte, übte? Doch ganz offensichtlich nicht.

Kinder brauchen Freude und Tagträume, Bindung und Vertrauen.

Er las, weil er von den Phantasiebildern, von den Hexereien eines Jungen seines Alters und von dem Gemeinschaftsmilieu im Internat total hingerissen war. Seine Phantasie, die tolle Geschichte und seine Faszinationen – die brachten ihn urplötzlich zum Lesen. Nichts da mit üben, üben, üben, deutscher Disziplin und Arbeitsmoral.
Genau das Gegenteil! Das machte sogar einen objektiv leseschwachen Jungen zum begeisterten Leser von zwei mehrere hundert Seiten dicken Büchern. So, und warum schreibe ich das?

Weil es in unserem Büchlein hier genau um das geht, was der Kleine bei Harry Potter auch

suchte (und fand): Freude und Tagträume, Bindung und Vertrauen, ein ruhiges, sicheres Gefühl des Selbst – wenn wir das mit unseren Kindern auf die Reihe kriegen, dann stellt sich ganz von selbst auch noch etwas anderes ein. Nämlich das, wovon ich partout in diesem Buch nicht schreiben will: Lernerfolg!
Haben Sie den Zusammenhang verstanden? Ja? Dann ist es ja gut.

Ist doch toll, dass es Kinder gibt!

Ohne Multitasking
wird man heute nichts mehr,
ohne Kinder auch nicht!

Können Sie gut koordinieren? Nein? Heutzutage nennt man es Multitasking und meint damit, dass man in der modernen Wirtschafts- und Karrierewelt mindestens zwei, besser drei Dinge gleichzeitig erledigt, ohne dabei ins Schwitzen zu geraten. Koordinieren klingt verglichen mit dem hochmodernen Multitasking tatsächlich ein bisschen bieder und müde.
Ohne Multitasking bringen Sie es nicht weit, falls Ihr Berufsweg in irgendwelche gehobenen Berufslaufbahnen münden soll. Ist Ihnen dies erst mal bewusst, dann wissen Sie auch schon, wie wichtig Kinder sind. Das muss ich erklären.

Nehmen wir an, Sie haben ein Baby, vielleicht sechs Monate alt. Um das Beispiel auf die Spitze zu treiben, nehmen wir noch eine Zweieinhalbjährige dazu. Damit sind wir beim Multitasking. Ich habe Mütter gesehen, die mit einer Hand ihr Baby wickelten und mit der anderen Hand einen Telefonhörer ans Ohr hielten, gelegentlich den Hörer zwischen Schulter und Ohr klemmten, weil man beim Wickeln zwischendurch immer mal zwei Hände benötigt. Auf die Zweieinhalbjährige komme ich gleich zurück.
Und nun das Verwunderliche: Das Baby lag da, wurde beim Wickeln – wie erfahrene Mütter das so machen! – mal nach links, dann nach

rechts geschoben, zwischendurch redete die junge Mutter über irgendwelche Baugeschäfte oder Bankgeheimnisse, ich weiß es nicht mehr, – und das Baby strahlte dabei die ganze Zeit. Breit und über beide Plusterbäckchen, quietschte zwischendurch etwas unpassend in die seriösen Geldgeschäfte hinein und strahlte wieder. Und die junge Mutter? Statt stur und verkrampft auf irgendwelchen Argumenten zu beharren, während sie in den Hörer redete, strahlte sie plötzlich auch. Ihre Stimme wurde ganz weich, als spräche sie zu dem Baby und dem Geschäftsfreund oder der -freundin gleichzeitig.

Baby und Karriere ist schwierig – aber eben nicht nur schwierig.

Ich kann es nicht beschwören, lege aber meine Hand dafür ins Feuer, dass das nicht ganz einfache Telefongespräch freundlich, ja, mit einem leichten zufriedenen Lachen beendet wurde.

Die Ursache dafür war das strahlende Kind, das inzwischen noch lauter quietschte, voller Vergnügen an Mama und am Leben überhaupt.

Ohne das Quietschen wäre das Gespräch vermutlich frostiger verlaufen, hätten sich die Positionen möglicherweise sogar verhärtet, – wer weiß, welche Folgen ein misslungener Telefonkontakt nach sich ziehen kann. Das wurde alles vermieden! Wodurch?
Durch ein strahlendes Baby und die Tatsache, dass eine junge Mutter gar nicht anders kann, als zufrieden und tief im Herzen beglückt zu sein, wenn sie ihr Baby vergnügt strampelnd vor sich liegen sieht – was man ihrer Stimme und ihren Worten sofort anmerkt.

Baby *und* Karriere ist schwierig – das liest man überall. Da ist auch etwas dran! Aber es ist eben nicht nur schwierig. Manchmal sogar hilfreich. Was zum Beispiel die Begabung zum offenen Kommunizieren angeht, da sind Babys in der Nähe unersetzlich. Und Multitasking, wie gesagt, lernt man auch am besten, wenn ein Kleinkind in der Nähe ist. Oder gar zwei.
Die »Champions league« moderner Kreativ- und Managementmethoden im Bereich Multitasking erreichen Sie freilich erst, wenn sich nebst Baby noch die schon erwähnte Zweieinhalbjährige im Raum aufhält und – sagen wir – vergnügt mit einem Holzlöffel auf einen Topf eindrischt. Der Topf war eigentlich zum Kochen des Abendessens gedacht. Das können Sie ver-

gessen. Verbeulter kann ein Topf nicht aussehen als der, den eine Zweieinhalbjährige unter den Fingern gehabt hat, unterstützt von einem stabilen Holzlöffel.

> *Ein Baby und erst recht zwei Kleine sind das optimale Multitasking-Trainingsfeld.*

Es ist auch ganz und gar unmöglich, einem Telefongespräch die ganze Aufmerksamkeit zu widmen (und nebenbei ein Baby zu wickeln), während gleichzeitig eine Zweieinhalbjährige einen Kochtopf demoliert. Ein Teil der Aufmerksamkeit geht rein akustisch verloren, ein weiterer Teil richtet sich auf das Baby, ein verbliebener Teil auf das ganz außergewöhnlich wichtige Telefongespräch. Merken Sie, worauf ich hinaus will?

Jahrzehntelang hatten wir ein Geschäftsgebaren, vor allem in den Führungspositionen, das ziemlich verbiestert und verhärtet war. Totale Konzentration, unnachgiebige Gesprächsführung, im Geschäft knallhart – das waren so die Vorgaben für den erfolgreichen Geschäftsmann

und sind es teilweise heute noch. Nur sind die eben ganz falsch. Das spricht sich so ganz allmählich auch herum. Und zwar ausgerechnet in den großen Betrieben.
Diese alten Managementtheorien – in sauteuren Kursen künftigen Führungskräften beigebogen – hatten nichts als Konzentration und Durchsetzung auf Biegen und Brechen im Sinn.
Aber nun lesen Sie mal in den klugen Büchern zu modernen Management-Theorien. Was finden Sie dort? Heute kommt es auf Kommunikationsfähigkeit an.
Die kommunikative Qualität eines Gesprächs verhilft kurzfristig zu einem guten Gesprächsklima, sogar am Telefon. Und langfristig zu den heutzutage dringend benötigten »Netzwerken«, in dessen Kontaktdrähten Frau oder Mann ihre/seine Karriere zusammenbastelt. Dabei hilft Multitasking enorm, und noch mehr ein Multitasking, bei dem die eine Hand wickelt, die andere den Hörer hält, ein Ohr dem Gesprächspartner lauscht und das andere von dröhnendem Topftrommeln halb betäubt wird. Alles wird fließender, weicher, freudiger. Und dadurch erfolgreicher.

Man benötigt nicht unbedingt ein Baby dafür, auch keine kochtopftrommelnde Zweieinhalbjährige – aber beides übt ganz ungemein. Und

manche Gespräche nehmen erst unter solchen Voraussetzungen einen richtig vergnügten und eben deshalb erfolgreichen Verlauf.
Es hat sich eben vieles geändert in der modernen Berufswelt. Beinahe alles. Viele Geschäfte lassen sich hervorragend abwickeln, während ein Baby drum herum krabbelt. Und wo diese Art von flexibler Heimarbeit – oder teilweise Heimarbeit – nicht möglich ist (aber sie ist immer häufiger möglich, in immer mehr Berufen!), dort lernen Sie auch ganz ohne Telefon und Geschäftsgespräch allein beim Wickeln und Lächeln und Tinnitus erzeugendem Topfgetrommel, was Multitasking ist. Dies beherrschen und das auch noch und ein Drittes dazu – alles gleichzeitig!

Ein Baby und erst recht zwei Kleine: sie sind das optimale Multitasking-Trainingsfeld. Sind Sie im Beruf zurück, wundern Sie sich, wie Ihre kinderlosen Kollegen überfordert schwitzen und schimpfen, wenn sie mal just drei Dinge gleichzeitig erledigen sollen. So was machen Sie mit links, Sie sind es ja nicht anders gewöhnt.
Wer keine Kinder hat oder sich keine Zeit für sie nimmt, hat dieses zentrale Prinzip der Karriere-Zukunft schlicht versäumt.

Auch deshalb: Toll, dass es Kinder gibt!

Tut mir leid!
Ach komm, Schwamm drüber!

Verzeihen gehört zur Liebesfähigkeit eines Menschen, das wissen wir alle. Aber so richtig begabt sind wir dazu oft nicht. Es fällt so schwer. Eine Kränkung rumort und wirbelt in einem herum, manchmal wochenlang. Manchmal länger. Wieder gilt: Gut, dass es Kinder gibt!

Ihnen *müssen* wir verzeihen, jeden Tag ein bisschen, anders geht es gar nicht. Jeden Tag richten sie irgendwelchen Unfug an, manchmal so, dass er hätte gefährlich werden können.

Ohne Kinder
wäre alles anders.
Weniger liebevoll eben.

Zum Beispiel ein abknickender Ast an einem Baum, auf den der Fünfjährige geklettert ist und jetzt kläglich ruft: »Hol mich hier runter!« Oder ein Fluss, an den die Sechsjährige sich viel zu nah herangetraut hatte, um einen schönen Stein herauszufischen (oder eine Kaulquappe)! Jeden Tag stockt uns der Atem, tun sie Verbotenes, richten Unordnung an, dass sich sogar ordnungsresistenten Menschen wie mir die Haare sträuben – jeden Tag!

Und was lernen wir dadurch? Verzeihen natürlich. Geht gar nicht anders. Das Verzeihen, das großzügige Vergeben und Vergessen wird im Lauf der Zeit in die Elternseele eingeschrieben wie eine biologische Notwendigkeit.

Gefragt werden wir als Eltern nicht. Aber wir profitieren – und wenn wir uns vorher hundertmal geärgert und aufgeregt haben. Irgendwann haben wir's gelernt.

Schauen Sie sich nur einmal Eltern am Tag der Einschulung ihres Kindes an. Sie haben alle diesen leicht resignierten, irgendwie verschmitzt frohen »Da-muss-man-eben-durch«-Gesichtsausdruck.

Sie haben Großmut gelernt, einige bereitwillig, andere widerwillig. Ganz egal. Gelernt haben sie es alle. Ohne ihr Kind wären sie viel enger und pingeliger, ihr Leben wäre bedrückender und ärgerlicher. Ohne das Kind wäre alles anders. Weniger liebevoll eben.

Gut, dass es Kinder gibt!

Mut kann man lernen.
Am besten von Kindern.

Haben Sie in letzter Zeit einmal einen wirklich mutigen Menschen gesehen? Nein? Vielleicht haben Sie nicht richtig hingeschaut. Oder haben Sie keine Kinder? Dann eben Enkel.
Oder die Kinder des Nachbarn, das sind die, die auf den viel zu kleinen Hinterhöfen unserer Städte Ball spielen und die Fensterscheiben zum Erzittern bringen.

Überall sehen Sie
Mut, Lebensmut
auf Biegen und Brechen.

Überall sehen Sie Mut, Lebensmut auf Biegen und Brechen.
Am deutlichsten wird, was Mut ist, unbedingter Lebensmut, an den ganz Kleinen, den Eineinhalbjährigen oder Zweijährigen. Schauen wir nur hin. Wie sie sich auf die eigenen Beine stellen, hinfallen und weinen und wieder aufstehen, als seien die Tränen, in dem Augenblick, in dem sie trocknen, auch schon wieder vergessen.
Ihr unbeirrbarer Wille zum Leben und zur Entdeckung der Welt mit ihren vielen befremdlichen lockenden Dingen überlagert allen Kum-

mer. Irgendwann stehen sie ganz allein, dauerhaft, und dann laufen sie los. Wackelig und immer wieder stürzend, trotzdem ganz selbstbewusst und stolz. Können wir von ihnen nicht eine ganze Menge lernen?

> *Können wir von unseren Kindern nicht eine ganze Menge lernen?*

Mit jeder einmal gelernten Fähigkeit greifen sie über sich hinaus und beginnen den nächsten Entwicklungsschritt. Welch grenzenlose, unerschöpfliche Unverzagtheit! In jedem Kind wird sie erkennbar. Ursprünglicher Lebenswille, ursprüngliches Wollen! Hin zu den aufregenden Dingen dieser Welt und zu den anderen Menschen auch, zu Papa und Mama vor allem, und zu den anderen Kindern auch.
Sie greifen immer über sich hinaus, diese Kinder. Mit riesigem Stolz auf jeden winzigen Entwicklungsschritt. Und haben so viel Zuversicht ins Leben.
Sorgen machen sich die Eltern. Das ist auch richtig so. Aber wenn Sie Ihrem lebensmutigen Kleinen nicht nur dauernd hinterherhetzen und

sich über alles und jedes gleich den Kopf zerbrechen – zum Beispiel ob der zweijährige Sohn, die dreijährige Tochter auch ausreichend »synaptisch« gefördert werde –, wenn Sie einfach liebevoll auf Ihr Kind schauen, seiner freien Daseinslust zuschauen und ein bisschen davon in sich selber aufnehmen, dann passiert etwas ganz Merkwürdiges.

Jede Minute ist kostbar,
denn sie kommt nie wieder.
Alles ist nur dieses eine Mal.

Sie waren ja auch einmal Kind, waren genauso zuversichtlich und froh. Wie ein Widerhall aus der eigenen Kindheit steigen nun kleine lebendige bunte pralle Erinnerungen in Ihnen auf. Das ist wie eine kleine Meditation, eine Einübung in Zuversicht. Die fällt noch für die besorgtesten Eltern ab. So ansteckend ist die Daseinsfreude der Kleinen. Schauen Sie nur genau und froh hin.

»Sieh nur, wie er losrennt, unser Kleiner«, »jetzt ist er hingefallen«, »er lacht schon wieder, und rennt los«, »das muss doch weh tun«, »er rennt trotzdem, guck doch!« – und alles passiert von einem Augenblick zum nächsten Augenblick. Jede Minute ist kostbar, denn sie kommt nie wieder. Alles ist nur dieses eine Mal, nur jetzt, und was kommt dann?

Also genießen Sie diese Zeit, so viel Freude und Trubel, so viel Kummer und rasche Versöhnung – poetischer gesagt: so viel Liebe – erfährt man mit den Kindern.

An unseren Kindern können wir die Zeitlosigkeit des Glücks lernen.

An den Kindern können wir jene Sorglosigkeit lernen, die mit Lebenslust gefüllt ist. An ihnen können wir eine Zeitlosigkeit des Glücks lernen, die uns Erwachsenen nur sehr begrenzt zur Verfügung steht. Wir müssen nur ganz ruhig hinschauen, dann fällt ein Schimmer dieser Zeitlosigkeit auch auf uns. Das sind so kleine beglückende Utopien des Alltags.

Kleine melancholische Nachbemerkung: Zeitlosigkeit, sagte ich. Ach ja, so soll man das Zusammensein mit den Kindern erleben, wie kleine Ewigkeiten. Aber die ganze Wahrheit ist das leider nicht. Die ganze Wahrheit lautet. Ja, halten wir jeden Moment fest, denn es geht alles so rasch vorbei!

Toll, dass es Kinder gibt!